Reinhard Weber

Qualitätsmanagement im Dienstleistungsbereich (industrielle

**Reinhard Weber**

# Qualitätsmanagement im Dienstleistungsbereich (industrielle Services)

GRIN Verlag

Bibliografische Information der Deutschen Nationalbibliothek: Die Deutsche Bibliothek
verzeichnet diese Publikation in der Deutschen Nationalbibliografie; detaillierte bibliografische Daten sind im Internet über http://dnb.d-nb.de/ abrufbar.


1. Auflage 2010
Copyright © 2010 GRIN Verlag
http://www.grin.com/
Druck und Bindung: Books on Demand GmbH, Norderstedt Germany
ISBN 978-3-640-68184-6

# Qualitätsmanagement
# im Dienstleistungsbereich
# (industrielle Services)

**Bachelorarbeit**

im

**Studiengang Wirtschaftsinformatik**

an den

**Ferdinand Porsche Fernfachhochschulstudiengängen**

**Reinhard Weber**

**Wien & Wiener Neustadt, 30.01.2010**

# Zusammenfassung / Summary

*Service is something that can be bought and sold, but which can not drop on your foot.*

Wie der Vergleich von produzierenden Bereichen und Dienstleistungen in der Leistungs- und Strukturstatistik der Statistik Austria zeigt, liegt der prozentuale Anteil der Dienstleistungen in allen Bereichen weit über 50% gegenüber den produzierenden Sparten.

Dennoch ist das Qualitätsmanagement in der klassischen Produktion wesentlich etablierter und von bewährten Werkzeugen unterstützt als im Bereich der Dienstleistungen.

Während QM bei der Produktion in der Kontrolle der Fertigungsprozesse ansetzt und bis zur Übergabe des fertigen Produkts an den Kunden nachvollziehbare Daten und Messwerte liefert, findet eine Dienstleistung beim bzw. am Kunden oder dessen Verfügungsobjekten statt und ist immateriell. Kontrollsysteme wie in der Produktion sind hier nicht einsetzbar. Qualität lässt sich nur im Nachhinein und meist auch nur subjektiv durch den Kunden selbst beurteilen.

Data collections of Statistics Austria regarding performance and structure of industry show that the percentage of services is in all areas well over 50 % compared to production.

Nevertheless compared to industrial services, quality management is far better established and supported by proven tools in the classic production.

While QM in branches of production focuses on controlling the manufacturing processes and returns data and traceable measurements until the delivery of the finished product to the customer, a service is immaterial and will be established directly at the customer or on his available objects. Controlling systems, that are used in production, are not useful here. Quality can only be evaluated after the service is done and is usually only subjectively assessed by the customers themselves.

Bei dieser Arbeit gilt die gewählte Formulierung der personenbezogenen Bezeichnung für beide Geschlechter.

# Inhaltsverzeichnis

# 1 Einleitung

Wir leben in einer sogenannten Dienstleistungsgesellschaft. Seit den 80-er Jahren vollzieht die Gesellschaft der Industriestaaten einen Wandel hin zu einer serviceorientierten Gesellschaft. Abbildung 1 zeigt die Leistungs- und Strukturstatistik des Jahres 2007, aus der hervorgeht, dass in allen Wirtschaftsbereichen Österreichs der Anteil der Dienstleistungen überwiegt.

In der Produktion gilt, dass die Lieferung von qualitativ hochwertigen Produkten die Voraussetzung der Erhaltung und Steigerung der Wettbewerbsfähigkeit darstellt. Dies gilt ebenso für den Bereich der Dienstleistung. Dienstleistungen müssen wie materielle Produkte an die Kundenbedürfnisse angepasst werden und sind auf Basis der Wirtschaftlichkeit zu realisieren.

Auf den folgenden Seiten werden zunächst die Begriffe des Dienstleistungsbereichs erläutert. Danach werden Modelle zur Analyse der Beziehung zwischen Kunden und Dienstleister erläutert, gefolgt von Methoden zur Generierung von neuen Services und Dienstleistungsprodukten. Anschließend werden international erprobte Methoden und Verfahren zur Messung, Förderung und Sicherung der Dienstleistungsqualität vorgestellt.

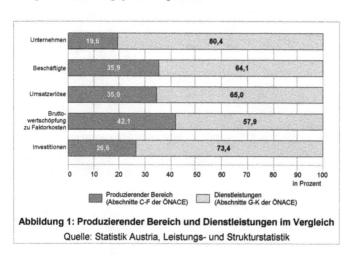

**Abbildung 1: Produzierender Bereich und Dienstleistungen im Vergleich**
Quelle: Statistik Austria, Leistungs- und Strukturstatistik

# 2 Begriffsbestimmungen

Dieses Kapitel erläutert die Begriffe Dienstleistung, industrielle Services, Produktion und Qualität sowie deren Merkmale im Kontext zum Qualitätsmanagement des Dienstleistungsbereichs.

## 2.1 Dienstleistung

| Merkmale von Sachgütern | Merkmale von Dienstleistungen |
|---|---|
| Sachgut ist gegenständlich | Dienstleistung ist immateriell |
| Sachgut kann gelagert werden | Dienstleistungen sind nicht lagerfähig |
| Sachgut kann vor den Kauf getestet werden | Dienstleistung kann nicht vor dem Kauf vorgeführt werden |
| Kunde ist bei der Herstellung nicht zwingend anwesend | Der Produktionsprozess ist die Interaktion zwischen Servicepersonal und Kunden |
| Fehler entstehen im Verlauf der Produktion | Fehler in der Dienstleistung sind Verhaltensfehler der Leistungserbringer (Mitarbeiter) |

**Tabelle 1: Vergleich der Merkmale von Sachgütern zu Dienstleistungen**
Quelle: Telekom Austria AG

Aus der Sicht der Volkswirtschaft ist eine Dienstleistung ebenso ein ökonomisches Gut wie übliche Handelswaren. Der Unterschied besteht darin, dass bei Dienstleistungen keine materiellen Werte und auch keine materiellen Produktionstechniken dahinter stehen, sondern es wird eine Leistung erbracht, die ein Bedürfnis eines Kunden befriedigt. Diese Leistung wird von sogenannten Dienstleistern durchgeführt und findet zwischen natürlichen oder juristischen Personen statt. Dienstleistung definiert sich wie folgt:

*Dienstleistungen sind immaterielle Güter, die von Personen oder materiellen Leistungsträgern an externen Faktoren (Personen oder deren Verfügungsobjekten) erbracht werden* (Hoeth, et al., 2002, S.14).

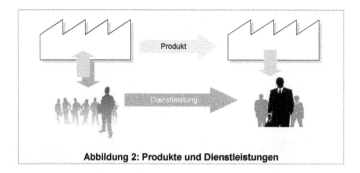

**Abbildung 2: Produkte und Dienstleistungen**

### 2.1.1 Wesensmerkmale

– Immaterialität

Dienstleistungen sind keine materiellen Produkte im herkömmlichen Sinn. Im Zuge der Erbringung einer Dienstleistung werden nicht greifbare Werte vermittelt. So werden zum Beispiel im Rahmen eines Business Engineering (methodenorientierte und modell-basierte Konstruktionslehre für Unternehmen des Informationszeitalters) Prozesses zwar Unterlagen und Dokumentation präsentiert, die eigentliche Wertschöpfung liegt aber im verbesserten Umsatzergebnis des Unternehmens.

– Integration des Kunden

Zur Erfüllung einer Dienstleistung muss der Kunde anwesend sein. Er ist Bestandteil der Dienstleistungserbringung. Der Begriff Kunde sollte in diesem Zusammenhang bes-ser 'externer Faktor' lauten, denn nicht immer werden Dienstleistungen direkt an natürli-chen oder juristischen Personen erbracht, sondern an deren Verfügungsobjekten.

– Gleichzeitigkeit von Produktion und Konsum

Eine Dienstleistung wird zu dem Zeitpunkt vom Kunden verbraucht, in dem ihre 'Pro-duktion' erfolgt (uno-actu Prinzip - die Einheit von Ort, Zeit und Handlung). So erfolgt als Beispiel einer Beratungsleistung, trotz aller Vorbereitungsarbeiten des Beraters, die Finalisierung des Produktes direkt beim Kunden selbst. Im Zuge des Beratungsge-sprächs beim Kunden wird das Gut der Dienstleistung vom Berater endproduziert, gleichzeitig konsumiert der Kunde die Leistung (vgl. Hoeth, et al., 2002, S.13).

– Vergänglichkeit

Ein weiteres Wesensmerkmal ist die Vergänglichkeit von Dienstleistungen. Es bedeutet die Nicht-Lagerfähigkeit von Dienstleistungen, sie sind weder konsistent, konservierbar oder stabil.

### 2.1.2 Treibende Faktoren für Dienstleistungen und industriellen Ser-vices

– Konkurrenz

Bedingt durch modulartige und zuliefergetriebene Produktionsverfahren sinkt die Un-terscheidungsmöglichkeit von Waren. Hersteller sind neben preislichen und qualitativen Merkmalen gezwungen, sich durch additive Dienstleistungen von der Konkurrenz abzu-heben um dadurch eine zusätzliche Wertschöpfung zu erreichen.

– Marktsättigung

Die Marktsättigung ist das Verhältnis zwischen Marktvolumen zu Marktpotenzial. Mit zunehmenden Grad der Marktsättigung wird es schwierig Nichtkäufer oder jene Kun-den, die bestimmte Produkte oder Dienstleistungen bei Mitbewerbern erwerben, zu ge-winnen.

– Vergleichsmöglichkeiten

Internetbasierende Services zum Preisvergleich, global agierende Anbieter und konzentrierte Handelszentren vereinfachen den raschen und unkomplizierten Vergleich von ökonomischen Gütern. Auch hier ist die Differenzierung durch ein Dienstleistungsangebot wettbewerbsentscheidend.

– Kundenverhalten

Das Nachfrageverhalten von Kunden ist durch ein zunehmendes Maß an Flexibilität geprägt. Substitution, also der qualitative Ersatz eines Gutes, wird wesentlich schneller und agiler vorgenommen. Eine Bindung an Produzenten, Marken oder Standorten ist für kritisches Kundenverhalten unüblich.

– technischer Fortschritt

Durch den zunehmenden technischen Fortschritt kommen Innovationen auf den Markt, die andere Produkte vom Markt verdrängen. Zusätzlich erhöht technischer Fortschritt die Menge an Output bei gleichbleibendem oder sogar geringerem Preis.

– komplexe Industrieprodukte

Immer öfter werden von Kunden umfassende Problemlösungen nachgefragt und erwartet. Durch die Notwendigkeit von kurzen Entwicklungszeiten und der Ausrichtung auf internationale Standards werden Industrieprodukte in der Folge immer dienstleistungsintensiver und komplexer.

## 2.2 Industrielle Services

Bei der Implementierung von industriellen Services sind jene Dienstleistungen gemeint, mithilfe derer sich die Unternehmen eine Steigerung des Umsatzes und eine erhöhte Kundenbindung erwarten. Gerade dieser Bereich hat sich in den letzten Jahren zu einem Wachstumsmotor entwickelt (vgl. Lange, 2006).

### 2.2.1 Beispiele für industrielle Services

– bei der Produktion

Betreuung, Optimierung, Planung, Projektierung, Engineering, Customization, Maintenance

– zur Verbesserung

Problemanalyse, Audits, Schulungen, Dokumentation

– in betriebswirtschaftlichen Bereichen

Unterstützung von Beschaffungen, Versicherungen, Finanzierung

## 2.2.2 Chancen für industrielle Services

Lange Zeit wurden industrielle Services als Sekundär- oder Nebenleistung von technischen Produkten angesehen. Dadurch fehlten ganzheitliche Servicestrategien als ein Teil der Unternehmensstrategie. Es gab keine schlüssigen Servicekonzepte und keine Übersicht über Volumen und Qualität der industriellen Services, die in einem Unternehmen erbracht wurden. Viele Unternehmen haben aber das Potential erkannt und nutzen diese Services in den Bereichen:

– Intensiver Service

– Verbesserung der Partner- und Lieferbeziehungen

– Innovationstreiber

– zusätzliche Erwerbsquelle

– Added Values

# 2.3 Produktion

*Produktionsvorgänge sind dadurch gekennzeichnet, dass durch die Kombination bzw. Umwandlung von Gütern neue Güter erzeugt werden. Dieser Kombinationsprozess der Fertigung, der in Unternehmen stattfindet, wird von Menschen bewusst und planerisch handelnd in Gang gesetzt und ausgeführt* (Fandel, 2007, S.17).

Somit wird Produktion als jede menschliche Tätigkeit mit dem Ziel zur Erzeugung von Sachgütern bezeichnet. Ein Produktionssystem lässt sich vereinfacht folgendermaßen darstellen:

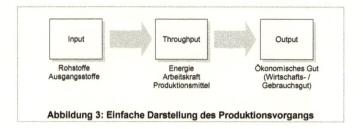

**Abbildung 3: Einfache Darstellung des Produktionsvorgangs**

## 2.4 Qualität

*Qualität ist die Gesamtheit der Merkmale und Merkmalswerte eines Produktes oder einer Dienstleistung bezüglich ihrer Eignung, festgelegte und vorausgesetzte Erfordernisse zu erfüllen* (Brumbi, 2003).

Qualität bedeutet somit die optimale Erfüllung von Kundenwünschen in Bezug auf Funktion, Sicherheit, Lieferzeit, Preis und Beratung.

Der Kunde allein ist letztendlich jener Maßstab ob ein Produkt oder eine Dienstleistung den gewünschten Qualitätsanforderungen entspricht. Die Qualität und deren Sicherung sind ein unerlässlicher Faktor für den Unternehmenserfolg geworden.

Im Gegensatz zum vorigen Jahrhundert, wo Qualität (wenn überhaupt) erst am fertigen Produkt gemessen wurde, werden Qualitätskonzepte seit den 70-er Jahren des 20. Jahrhunderts prozessorientiert entwickelt. Die Qualitätsbeurteilung und Qualitätssicherung findet im gesamten Produktionsablauf statt (Sommerlatte, 2009).

Teil dieser Qualitätskonzepte sind auch rationelle und ökonomische Aspekte, ökologische Standards, rechtliche Grundlagen, Arbeitsbedingungen sowie die Wahrnehmung des Betriebs im gesellschaftlichen Umfeld.

Ein Überbegriff dieser Tätigkeiten ist das Qualitätsmanagement. Dieses ist ein Teilbereich der Zuständigkeit des operativen Managements:

*Alle Tätigkeiten des Gesamtmanagements, die im Rahmen des QM-Systems die Qualitätspolitik, die Ziele und Verantwortungen festlegen, sowie diese durch Mittel wie Qualitätsplanung, Qualitätslenkung und Qualitätsverbesserung verwirklichen* (Brumbi, 2003).

# 3 Drei Sektoren Hypothese

Die Wirtschaftswissenschaften und die amtlichen Statistiken unterscheiden zwischen drei Wirtschaftssektoren. Die Grundlage dafür bildet die sogenannte 'Drei Sektoren Hypothese'. Diese differenziert zwischen Rohstoffgewinnung (primärer Sektor), Rohstoffverarbeitung (sekundärer Sektor) und Dienstleistung (tertiärer Sektor).

– Primärer Sektor

   Der primäre Wirtschaftssektor als der ursprünglichste (Urproduktion) umfasst die Bereiche der Rohstoffgewinnung, der Landwirtschaft, der Forstwirtschaft, des Gartenbaus und der Fischerei.

– Sekundärer Sektor

   Innerhalb des sekundären Wirtschaftssektors sind die produzierenden Gewerbe einer Volkswirtschaft umfasst. Sie sind für die Verarbeitung und Veredelung der gewonnenen Rohstoffe verantwortlich. Vertreter dieses auch als industrieller Sektor bezeichneten Bereichs sind die klassischen Handwerksbetriebe, die Industrie, die Energie- und Wasserversorgung, das Baugewerbe und alle verarbeitenden Betriebe.

– Tertiärer Sektor

   Dieser auch als Dienstleistungssektor bezeichnete Bereich bildet den Bereich jener volkswirtschaftlichen Betriebe die Dienstleistungen anbieten und erbringen. Typische Vertreter sind der Handel, Tourismus, Hotelbetriebe, medizinische Einrichtungen, Versicherungen, etc.

## 3.1 Expansion im Dienstleistungsgewerbe

Die Grafik in Abbildung 4 zeigt den Anstieg des tertiären Sektors innerhalb von 20 Jahren. Während der primäre Sektor bei nahezu gleichbleibenden Werten um vier Milliarden Euro steht, steigerte sich der sekundäre Sektor um 124% und der tertiäre um 247%. Diese Verlagerung der wirtschaftlichen Tätigkeit ist gleichzeitig ein Indikator für die Entwicklung einer Volkswirtschaft. So lässt sich aus dem Beschäftigungsstand des primären Sektors ablesen, wie fortgeschritten die Entwicklung eines Landes ist.

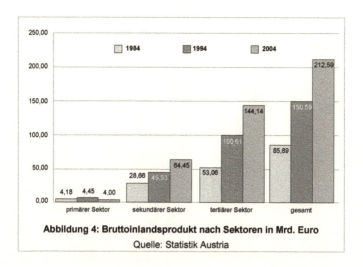

**Abbildung 4: Bruttoinlandsprodukt nach Sektoren in Mrd. Euro**
Quelle: Statistik Austria

## 3.2 Verhältnis Import / Export von Dienstleistungen

Abbildung 5 zeigt eine Übersicht der Leistungsbilanz Österreichs im Zeitraum von 1999 bis 2008. Die beiden Trendlinien ergeben sich aus dem Saldo (Netto) der Zahlungsausgänge (Debet) und den Zahlungseingängen (Credit) der Dienstleistungen sowie der Güterproduktion. Es zeigt sich, dass der Bereich der Dienstleistungen stets eine positive und stetig wachsende Tendenz aufweist. Die Güterproduktion zeigt ebenfalls einen ansteigenden Trend, eine positive Leistungsbilanz wurde aber lediglich in den Jahren 2002, 2006 und 2007 erreicht.

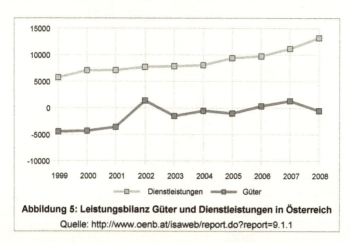

**Abbildung 5: Leistungsbilanz Güter und Dienstleistungen in Österreich**
Quelle: http://www.oenb.at/isaweb/report.do?report=9.1.1

Betrachtet man die Abbildung 6 so zeigt sich jedoch, dass der Anteil des Handels mit Dienstleistungen nur rund 25% des gesamten Handelsvolumens darstellt. Die Ursache dieses geringe-
ren Anteils liegt in der Tatsache der Immaterialität von Dienstleistungen und deren Bindung an
ausführende Personen. Der Handel von Dienstleistungen ist aufgrund der Beschränkungen der
wirtschaftlichen Mobilität von Personen limitiert und unterliegt zusätzlichen Restriktionen wie
Zulassungs- und Gewerbevorschriften.

**Abbildung 6: Exporte und Importe nach Wirtschaftsklassen der ÖNACE**
Quelle: http://www.oenb.at/isaweb/report.do?lang=DE&report=9.1.40

Innerhalb des Bereichs der Dienstleistungen erzielt der Bereich der innovativen Dienstleistungsarten die höchste Wertschöpfung, während der traditionelle Bereich und die wissensbasierten
Dienstleistungsarten negativ bilanzieren (Österreichische Nationalbank 2009).

## 3.3 Auswirkungen auf die Dienstleistungsqualität

Setzt sich der Trend der Leistungsbilanz des Dienstleistungsbereichs fort, so ist mit einer weite-
ren Zunahme der nachgefragten Services zu rechnen. Eine solche Steigerung der Quantität muss
sich für den Erhalt der Gesamtproduktivität von Dienstleistungsprozessen auch auf die Qualität
der Dienstleistung auswirken.

Grund für eine Zunahme im Bereich der Dienstleistungsbranchen ist unter anderem die Zunahme innerhalb von Unternehmen und ihrem Umfeld. Als Beispiel sei hier der verstärkte Bedarf
an Planung und Kontrolle von automatisierten Produktionsprozessen genannt. Zusätzlich zeigt
sich ein erhöhter Koordinationsbedarf an dezentralisierten Fertigungsvorgängen und der verstärkte Einsatz von Forschungs-, Entwicklungs- und Marketingaktivitäten zur Erhaltung eines
Wettbewerbsvorteils (vgl. Cornetz, 2006, S.141). Ein weiterer Grund ist der zunehmende Trend
in Unternehmen, sich auf Kernkompetenzen zu konzentrieren und bisher intern durchgeführte
Funktionen an externe Dienstleistungsunternehmen auszulagern.

Diese Entwicklungen erfordern, wie in den Bereichen des primären und sekundären Sektors bereits etabliert (vgl. Sommerlatte, 2009), eine Qualitätsfähigkeit der angebotenen Dienstleistungen. Als Qualitätsfähigkeit bezeichnet man in diesem Zusammenhang die Eignung eines Unternehmens, dessen Mitarbeiter, Lieferanten, Maschinen und Verfahren, festgelegte Qualitätsanforderungen einzuhalten.

Eine Möglichkeit des Nachweises für Qualitätsfähigkeit eines Unternehmens ist die Zertifizierung nach DIN EN ISO 9001 (vgl. Kapitel 5.3). Eine Zertifizierung ist aber kein Garant für die Qualität von angebotenen Leistungen, sondern bescheinigt die Fähigkeit eines Unternehmens Qualität zu liefern. Diese Qualität beruht auf Geschäftsprozessen, die durch ein Qualitätsmanagement gesteuert und überwacht werden.

# 4 Qualitätsmodelle für Dienstleistungen

Qualitätsmodelle standardisieren Eigenschaften und Kennzahlen für ein Qualitätsmanagement. Wie in der Produktion gilt es auch für den Dienstleistungsbereich bestehende Services zu verbessern und neue von Anfang an mit einem hohen Qualitätsniveau zu entwickeln. Umfasst das Qualitätsmanagement in der Produktion die gesamte Wertschöpfungskette von der Gestaltung der Produkte über die Verfahrens- und Prozesssteuerung, die Überwachung der Produktion bis hin zur Endabnahme, so gilt im Bereich der Dienstleistungen im besonderen Maße das Element der Prävention. Eine Automatisierung, Aussortierung, Korrektur oder ein Umtausch einer erbrachten Dienstleistung ist nicht möglich. Um Verbesserungen oder Neuentwicklungen von Dienstleistungen effizient durchführen zu können, sind angepasste Qualitätsmodelle anzuwenden, die Erkenntnisse über die notwendigen Maßnahmen liefern und dabei auf die Eigenschaften von Dienstleistungen eingehen.

## 4.1 GAP Modell

Das GAP (engl.: Gap = Lücke, Diskrepanz) Modell ist ein Modell zur Analyse der Schnittstellen zwischen Kunde und Dienstleistungsunternehmen. Seine Besonderheit ist die genaue Darstellung der Lücken in der Kommunikation sowohl zwischen den innerbetrieblichen Bereichen als auch zwischen Unternehmen und Kunde (Hoeth, et al., 2002, S.17).

- Gap 1: Diese Lücke beschreibt die Differenz der vom Management eines Unternehmens wahrgenommenen Kundenerwartung und der tatsächlichen Kundenerwartung. Bereits an dieser wichtigen Schnittstelle zeigen sich die unterschiedlichen Auffassungen von Dienstleistungsqualität zwischen Management und Kunden.

- Gap2: Die vom Management interpretierten Wahrnehmungen werden für die internen Spezifikationen der Dienstleistungsqualität weitergegeben. Dieser Gap beschreibt, dass auch bei der Übertragung der Kundenerwartungen zu unternehmensinternen Vorgaben Probleme auftreten können.

- Gap 3: Hier wird die Lücke zwischen den definierten Spezifikationen für Dienstleistungsqualität und der tatsächlich erbrachten Leistung beschrieben. Mögliche Ursachen können das Unvermögen der Mitarbeiter, mangelnde technische Gegebenheiten oder nicht beeinflussbare Umwelteinflüsse sein.

- Gap 4: Dieser Bereich beschreibt die Lücke zwischen der an den Kunden erbrachten Leistung und der an den Kunden kommunizierten Leistungsbeschreibung. In diesem Bereich wird sichtbar, dass oft ein mehr an Leistung versprochen wird, als dass das Unternehmen in der Lage ist zu bringen.

– Gap 5: Der wichtigste Bereich dieses Modells ist die Lücke zwischen den Kundenerwartungen und der vom Kunden wahrgenommenen Dienstleistung. Diese Lücke ist
letztendlich das Resultat der vorangegangenen Gaps und zeigt, welches Kriterium bei
Dienstleistungen ausschlaggebend ist: Der Kunde bestimmt, was Qualität ist (Hoeth, et
al., 2002, S.19).

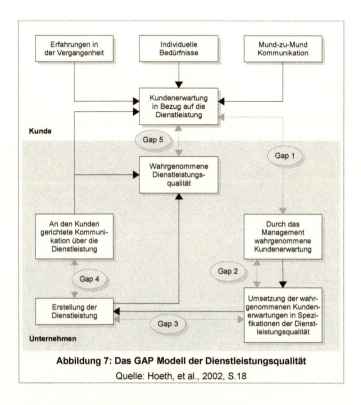

**Abbildung 7: Das GAP Modell der Dienstleistungsqualität**
Quelle: Hoeth, et al., 2002, S.18

## 4.2 Die sieben Dienstleistungs-Qualitätstechniken D7

Ähnlich dem Produktionsbereich wurden in den letzten Jahren Verfahren und Methoden entwickelt, die den besonderen Bedingungen der Dienstleistungserbringung Rechnung tragen. So
wurden Ermittlungsverfahren entwickelt, die sich zur Definition von Dienstleistungen, zur Feh-
leranalyse sowie zur Fehlervermeidung eignen. Methoden für die Ermittlung von Kundenwünschen und Verfahren zur Messung der erbrachten Qualität sollten Unternehmen dabei unterstüt-
zen, ihre Dienstleitungen unter dem Aspekt der Wirtschaftlichkeit zu optimieren.

4 Qualitätsmodelle für Dienstleistungen

Da die direkte Beteiligung des Kunden für die Dienstleistungserbringung notwendig ist, ist er in verschiedenen Verfahren auch ein Teil der Problemlösung. Im Gegensatz zur Produktion, in der mathematische, statistische und messtechnische Verfahren im Zentrum stehen, ist die Kreativität ein zentrales Element bei den Dienstleistungs-Qualitätstechniken. Beiden Bereichen (Dienstleistung und Produktion) ist das Streben nach Kundenzufriedenheit und Kundenorientierung gemein.

Die Bezeichnung D7 steht für die sieben Techniken, die im Dienstleistungsbereich angewendet werden (vgl. Hoeth, et al., 2002, S.29):

- Vignetten Technik (zur Design Entwicklung)

- Service Blueprinting (zur Prozessdarstellung)

- Sequentielle Ereignismethode SEM (zur Ermittlung der Qualitätsmerkmale)

- ServQual (zur Qualitätsmessung mit Hilfe von Ratingskalen)

- Beschwerdemanagement (zur Handhabung von Beschwerden)

- Frequenz-Relevanz-Analyse von Problemen FRAP (zur Analyse und Bewertung auf Grundlage von Felddaten)

- Service-FMEA (zur Prävention und Verbesserung)

## 4.2.1 Vignetten Technik

Die Vignetten Technik ist eine kreative Vorgehensweise zur Generierung von neuen, innovativen Dienstleistungsprodukten. Ziel ist es, Qualitätsurteile von Kunden über Dienstleistungen, die es noch nicht am Markt gibt, zu erhalten. In der Güterproduktion tritt man diesem Problem durch Erzeugung von Prototypen entgegen.

Zwar ist auch im Servicebereich die Erstellung von Prototypen möglich, der Aufwand eine reale Umgebung zur beispielhaften Umsetzung einer neuen Dienstleistung einzurichten wäre aber zu hoch und schwer zu realisieren.

Der Grundgedanke der 1982 entwickelten Vignetten Technik besteht darin, systematisch aufgebaute Szenarien einer neuen geplanten Dienstleistung zu schaffen. Diese Szenarien werden Vignetten genannt. Sie werden einer ausgewählten Fokusgruppe, in der Regel während eines Interviews, vorgelegt. Die Befragten sind auf diese Weise in der Lage, sich die Situation genau vorzustellen und können sich so über noch nicht existierende Zusammenhänge ein Bild machen, um anschließend ein Qualitätsurteil abzugeben (Hoeth, et al., 2002, S.32).

Die Vorgehensweise bei der Vignetten Technik erfolgt in sechs Phasen:

- Formulierung der geplanten neuen Dienstleistung

  Diese Phase kann mittels der Techniken einer Soll-Konzeption (Brainstorming, Brainwriting) durchgeführt werden.

- Definition einer Zielgruppe

- Durchführung einer Vorbefragung

  Im Zuge von Interviews werden die Eigenschaften der Dienstleistung aus der Sicht des Kunden gewichtet. Diese Phase dient zur Beurteilung, ob die geplante Dienstleistung marktfähig ist und zur Abschätzung ob die festgelegte Zielgruppe richtig gewählt wurde.

- Festlegung der kundenrelevanten Qualitätsmerkmale

  Ziel dieser Phase ist die Festlegung von ungefähr fünf kundenrelevanten Qualitätsmerkmalen aus den insgesamt gefundenen Eigenschaften. Diese Fokussierung auf die kritischen Bereiche erfolgt üblicherweise durch Bewertung in Form einer Rangordnung.

- Ausarbeitung der Ausprägungen

  Die morphologische Analyse (siehe Abbildung 8) ist eine der Methoden, um in dieser Phase zu den festgelegten Qualitätsmerkmalen die möglichen Ausprägungen zu formulieren. Hierzu werden in tabellarischer Form die einzelnen Merkmale in einer Spalte notiert, die Ausprägungen werden in der jeweiligen Zeile hinzugefügt.

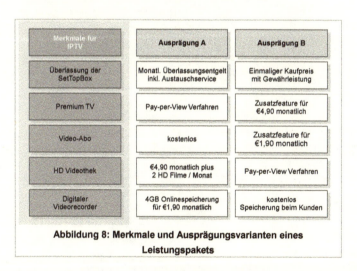

| Merkmale für IPTV | Ausprägung A | Ausprägung B |
|---|---|---|
| Überlassung der SetTopBox | Monatl. Überlassungsentgelt inkl. Austauschservice | Einmaliger Kaufpreis mit Gewährleistung |
| Premium TV | Pay-per-View Verfahren | Zusatzfeature für €4,90 monatlich |
| Video-Abo | kostenlos | Zusatzfeature für €1,90 monatlich |
| HD Videothek | €4,90 monatlich plus 2 HD Filme / Monat | Pay-per-View Verfahren |
| Digitaler Videorecorder | 4GB Onlinespeicherung für €1,90 monatlich | kostenlos Speicherung beim Kunden |

**Abbildung 8: Merkmale und Ausprägungsvarianten eines Leistungspakets**

– Durchführung der Hauptbefragung

In einem ersten Schritt werden die einzelnen Vignetten erstellt. Dies bedeutet, dass alle möglichen Kombinationen der zuvor durchgeführten morphologischen Analyse auf einzelne Karten (Vignetten) geschrieben werden.

Im Anschluss daran erfolgt die Bewertung der Vignetten durch die Kunden. Hier sind mehrere Varianten möglich (vgl. Abbildung 9).

Eine davon ist die paarweise Bewertung, wobei jeweils zwei Vignetten miteinander verglichen werden. Die für die Kunden ansprechendere Vignette erhält zwei Punkte, jene, die nicht seinen Anforderungen gerecht wird, null Punkte. Kann sich der Kunde nicht entscheiden, erhält jede Vignette einen Punkt. Sind alle Vignettenvergleiche erfasst, werden die Ergebnisse der einzelnen Vignetten addiert und der Rang jeder einzelnen ermittelt.

Eine weitere Variante ist die Verbundmessung (Conjoint Maesurement), bei der jede einzelne Vignette im Schulnotensystem bewertet wird und anschließend die statistische Auswertung der Ergebnisse erfolgt.

Die dritte Variante der Vignettenbewertung wird als die Taguchi-Methode bezeichnet. Diese auch in der Produktion angewendete Methode zielt auf die Minimierung der Streuung um den Sollwert ab und zeichnet sich durch den geringen Aufwand und die geringe Anzahl der notwendigen Befragungen aus.

| Methode / Kriterium | Paarweiser Vergleich | conjoint measurement | Taguchi-Technik |
|---|---|---|---|
| Informationsgehalt | ★★ | ★★★ | ★★★ |
| Befragungsaufwand | ★ | ★★★ | ★ |
| Anzahl der Merkmale | ★ | ★ | ★★★ |
| Auswertungsaufwand | ★ | ★★★ | ★★★ |

★★★ hoch   ★★ mittel   ★ gering

**Abbildung 9: Vergleich der vorgestellten Methoden**
Quelle: Hoeth, et al., 2002, S.41

## 4.2.2 Service Blueprinting

In der Sachgüterproduktion wird nach dem Qualitätskreis von Demming nach der Planungspha-
se (Plan) die Umsetzungsphase eingeleitet (Do). Ähnlich erfolgt der Ablauf im Dienstleistungsbereich. Nach der Serviceentwicklung (Vignetten-Technik) erfolgt die Prozessentwicklung sowie die Prozessplanung. Ein geeignetes Instrument dafür ist das Service Blueprinting.

*Das Instrument des Blueprinting wurde, basierend auf dem Folgeplan, für die Abbildung von*
*Dienstleistungsprozessen entwickelt. Als Neuerung bezieht es den Kunden und seine Perspekti-*
*ve in die Darstellung ein. Dafür teilt man die Aktivitäten in Kunden-, Front-Office- und Back-*
*Office-Aktivitäten ein. Kunden- und Front-Office-Aktivitäten werden im Prozessplan durch eine*
*Interaktionslinie, Front- und Back-Office-Aktivitäten durch eine Sichtbarkeitslinie voneinander*
*getrennt. Dadurch werden Schnittstellen deutlich. Eingriffsmöglichkeiten des Kunden und ein*
*daraus resultierender veränderter Prozessfortlauf können jedoch nur bedingt, Interaktionen gar*
*nicht dargestellt werden* (Lay, et al., 2005, S.112).

Ziel des Service Blueprinting (auch als Skriptanalyse bezeichnetes Verfahren) ist die Erwartun-
gen des Kunden (Dienstleistungsempfänger) über direkte Einbindung in den Prozess an das geplante Resultat anzugleichen (vgl. Buber, et al., 2007, S.620). Aber nicht nur Planungen für
Dienstleistungsprozesse sind möglich, sondern auch die Überprüfung von bereits produktiven
Prozessen ist in Bezug auf qualitätssichernde Maßnahmen möglich.

Da es sich hier um ein visuelles Instrument handelt, erfolgt die Planung mit definierten Symbo-
len, die in fünf Interaktionsebenen die einzelnen Aktivitäten darstellen.

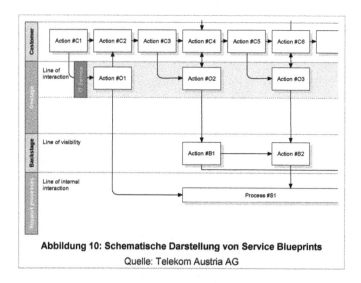

**Abbildung 10: Schematische Darstellung von Service Blueprints**
Quelle: Telekom Austria AG

Diese Interaktionsebenen (engl.: Swimmlanes) zeichnen sich durch von oben nach unten abnehmender Sichtbarkeit für den Kunden aus. Die externe Interaktionslinie bezeichnet die Grenze zwischen Dienstleister und Kunden, die interne Interaktionslinie ist der Übergang zu unterschiedlichen Verantwortungsbereichen des Dienstleistungsunternehmens.

Meist werden bereits bei der Erstellung eines Blueprints Schwachstellen offensichtlich, durch die Beteiligung von Mitarbeitern und Kunden werden zusätzlich noch Kenntnisse und Erfahrungen eingebracht, die zur Analyse beitragen (vgl. Lay, et al., 2005, S.116).

### 4.2.3 Sequentielle Ereignismethode SEM

*Die sequenzielle Ereignismethode (engl.: Sequential Incident Technique) dient dazu, sämtliche Geschehnisse zu ermitteln, die ein Kunde bzw. eine Kundin erlebt, wenn er/sie den Serviceprozess Schritt für Schritt durchläuft. In offenen, strukturierten Interviews werden die KundInnen hierbei schrittweise durch den gesamten Serviceprozess geführt, idealerweise anhand eines Blueprints. Zu jedem einzelnen Kontaktpunkt sollen die Probanden möglichst konkret erzählen, was sie nacheinander erlebt und was sie dabei empfunden haben. Das Verfahren dient demnach dazu, vorgegebene Kontaktpunkte möglichst genau zu beschreiben und damit verbundene Erlebnisse zu bewerten* (Buber, et al., 2007, S.623).

Diese Kontaktpunkte können entweder positive Erlebnisse darstellen oder kritische Situationen beschreiben. Da die Sequentielle Ereignismethode grundsätzlich der Qualitätsverbesserung dient, liegt der Fokus bei den kritischen Situationen.

Die Interviews erfolgen entweder nachdem eine Dienstleistung erbracht wurde, oder Kunden werden gebeten, Dienstleistungen gedanklich nachzuvollziehen. Beide Verfahren analysieren die Dienstleistung sequentiell entlang der Prozesskette.

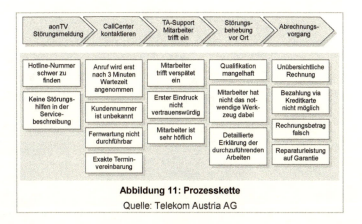

**Abbildung 11: Prozesskette**
Quelle: Telekom Austria AG

Eine Gruppe von ausgewählten Kunden wird nach markanten Ereignissen entlang der Prozesskette befragt. Bei neuen oder geplanten Dienstleistungen sollen dies Kunden sein, die bereits Erfahrung mit ähnlichen Dienstleistungen haben. Im nächsten Schritt werden die Interviews ausgewertet und die Antworten entsprechend der Prozessschritte gruppiert. Bei dieser Form der Auswertung ergeben sich nicht nur die Problemfelder einer Dienstleistung, sondern auch die Qualitätsmerkmale aus Kundensicht (vgl. Hoeth, et al., 2002, S.62).

Das Verfahren hat zwei entscheidende Vorteile im Vergleich mit konkurrierenden Methoden. Im Gegensatz zu objektiven Verfahren, bei denen ein neutraler Dritter die Leistung des Dienstleisters bewertet (z.B. Silent Shopping, Expertenbeobachtung), repräsentiert die sequenzielle Ereignismethode die Kundensicht. Die Ereignisse sind, anders als die eher abstrakten Merkmale des quantitativen Messansatzes, konkreter Natur. Sie bieten daher unmittelbare Ansatzpunkte für die Verbesserung der Dienstleistungsqualität (vgl. Buber, et al., 2007, S.624 ff).

## 4.2.4 ServQual

ServQual ist ein multiattributives Verfahren der Zufriedenheitsforschung im Dienstleistungsbereich (vgl. Hansen, et al., 2003, S.30 ff). Der Begriff setzt sich aus den Wörtern Service und Qualität zusammen. ServQual ist die Weiterführung der Ergebnisse des GAP-Modells, insbesondere des GAP 5 (vgl. Kapitel 4.1), der unmittelbaren Schnittstelle zum Kunden. ServQual ermittelt das Delta zwischen erwarteter Dienstleistungsqualität und der vom Kunden wahrgenommenen Qualität. Die Technik wurde in den 80er Jahren von Parasuraman et al. in der Form eines standardisierten Fragebogens, der für alle Dienstleistungsbereiche anwendbar sein sollte, präsentiert.

**Annehmlichkeiten des tangiblen Umfeldes ('tangibles')**

1. Zu hervorragenden Service-Providern gehört eine moderne technische Ausstattung.
2. Die Einrichtung eines Service-Providers sollte angenehm ins Auge fallen.
3. Die Mitarbeiter eines Service-Providers sollten ansprechend gekleidet sein.
4. Hervorragende Service-Provider sollten ihre Broschüren und Mitteilungen für die Kunden ansprechend gestalten.

**Zuverlässigkeit ('reliability')**

5. Wenn hervorragende Service-Provider die Einhaltung eines Termins versprechen, wird der Termin auch eingehalten.
6. Bei hervorragenden Service-Providern sollte das Interesse erkennbar sein, ein Problem zu lösen.
7. Hervorragende Service-Provider sollten den Service gleich beim ersten Mal richtig ausführen.
8. Hervorragende Service-Provider sollten ihre Dienste zum versprochenen Zeitpunkt ausführen.
9. Hervorragende Service-Provider sollten fehlerfreie Belege für die Kunden besitzen.

**Reagibilität ('responsiveness')**

10. Mitarbeiter hervorragender Service-Provider können über den Zeitpunkt einer Leistungsausführung Auskunft geben.
11. Mitarbeiter eines hervorragenden Service-Providers werden Kunden prompt bedienen.
12. Hervorragende Service-Provider sollten stets bereit sein, den Kunden zu helfen.
13. Bei hervorragenden Service-Providern sind die Mitarbeiter nie zu beschäftigt, um auf Kundenanliegen einzugehen.

**Leistungskompetenz ('assurance')**

14. Bei hervorragenden Service-Providern weckt das Verhalten der Mitarbeiter Vertrauen bei den Kunden.
15. Bei Transaktionen mit hervorragenden Service-Providern fühlt man sich sicher.
16. Mitarbeiter eines hervorragenden Service-Providers sind stets gleichbleibend höflich zu den Kunden.
17. Mitarbeiter hervorragender Service-Provider verfügen über das Fachwissen zur Beantwortung von Kundenfragen.

**Einfühlungsvermögen ('empathy')**

18. Hervorragende Service-Provider widmen jedem ihrer Kunden individuell ihre Aufmerksamkeit.
19. Hervorragende Service-Provider bieten ihre Dienste zu Zeiten an, die allen Kunden gerecht werden.
20. Hervorragende Service-Provider haben Mitarbeiter, die sich den Kunden persönlich widmen.
21. Hervorragenden Service-Providern liegen die Interessen der Kunden am Herzen.
22. Die Mitarbeiter hervorragender Service-Provider verstehen die spezifischen Servicebedürfnisse ihrer Kunden.

**Tabelle 2: ServQual Fragebogen**

Quelle: Hansen, et al., 2003, S.38

Für die Erstellung des Fragebogens werden innerhalb von fünf Dimensionen (Verlässlichkeit, kompetentes Auftreten, physisches Umfeld, Einfühlungsvermögen und Einsatzbereitschaft) werden 22 Begriffe in einer Doppelskala formuliert.

**Abbildung 12: ServQual Frage als Doppelskala**
Quelle: Hoeth, et al., 2002, S.75

Die Auswertung erfolgt derart, dass die Differenzen der einzelnen Doppelskalen ermittelt werden. Je größer dieser Wert ist, desto größer die Differenz des erwarteten Qualitätslevels und des tatsächlichen.

Zu beachten ist, dass diese Methode lediglich eine Momentaufnahme der aktuellen Situation darstellt und somit die Servicequalitätsmessung kontinuierlich durchzuführen ist. Die zentrale Komponente bei ServQual, die Doppelskala, gibt Anlass zu Vorbehalt. So sind Probleme im Zusammenhang mit der Fragestellung, der Anspruchsinflation (Forderung nach einem immer höheren Leistungsniveau), der Diskriminationsstärke (Möglichkeit, mehrere Personen einfach voneinander zu unterscheiden) und der Plausibilität der Grundüberlegung zu erwarten. Modifikationen des ServQual (ServAs, ServPerf) eliminieren mögliche Kritikpunkte und fördern die Anwendung des Verfahrens in einer Vielzahl von Branchen (vgl. Hansen, et al., 2003, S.39).

### 4.2.5 Beschwerdemanagement

*Nur etwa 15% der unzufriedenen Kunden nehmen die Mühe einer formellen Beschwerde auf sich, 70% dagegen gehen kommentarlos zum Wettbewerb über, der Rest von zirka 15% bleibt trotz Unzufriedenheit loyal* (Hoeth, et al., 2002, S.83).

Bei Sachgütern erwarten sich Kunden generell Fehlerfreiheit (vgl. Sommerlatte, 2009), während sich Kunden im Dienstleistungsbereich, bedingt durch ihre eigene Teilnahme am Erbringungsprozess, durchaus im Klaren sind, dass Fehler passieren können. Doch dieses Verständnis für mögliche Fehler schlägt rasch in Unzufriedenheit um, wenn sich das dienstleistungserbringende Unternehmen für nicht zuständig erklärt, eine Beschwerde unnötig weiterleitet oder keine Bereitschaft zeigt, das Problem zu beseitigen oder eine Wiedergutmachung eines möglichen Schadens durchzuführen (vgl. Hansen, et al., 2003, S.131).

Kundenbeschwerden sind eine große Chance für ein Unternehmen, Probleme bei der Erbringung von Dienstleistungen zu erkennen. Sie sind eine kostenfreie Information auf dem Weg zur kontinuierlichen Verbesserung.

Offensichtlicher als in Beschwerden können Kunden dem Unternehmen ihre Unzufriedenheit nicht mitteilen. Deutlicher als durch desinteressierte oder abweisende Reaktionen auf Beschwerden können Unternehmen nicht ausdrücken, dass sie an Kundenzufriedenheit nicht interessiert sind (Hansen, et al., 2003, S.132).

Ein zentraler Teil einer kundenorientierten Unternehmensstrategie bildet somit das Beschwerdemanagement mit dem Ziel, eine Kundenzufriedenheit wiederherzustellen. Die Ziele und Aufgaben des Beschwerdemanagements definieren sich wie folgt (Hansen, et al., 2003, S.132 ff):

- Herstellen von (Beschwerde-) Zufriedenheit
- Vermeiden von Opportunitätskosten anderer Reaktionsformen unzufriedener Kunden (Mundpropaganda)
- Auswerten und Nutzen der in Beschwerden enthaltenen Informationen
- Reduzierung interner und externer Fehlerkosten

Die Erreichung dieser Ziele erfordert Handlungen in den Bereichen der Beschwerdesimulation, die Art und Weise wie eine Beschwerdeannahme erfolgt, der Reaktion auf Beschwerden, die Bearbeitung und letztendlich die Auswertung der Beschwerden.

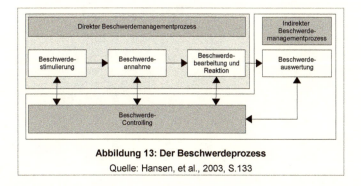

**Abbildung 13: Der Beschwerdeprozess**
Quelle: Hansen, et al., 2003, S.133

Doch nicht nur die direkt im Kundenkontakt stehenden Mitarbeiter, sondern auch die Führungskräfte sind angehalten, sich im Zuge eines funktionierenden Beschwerdemanagements mögliche Fehler einzugestehen (vgl. Kapitel 4.1, Gap 1) und sollten deutlich machen, dass bei einer Beschwerdebehandlung die Problemlösung und nicht Mitarbeitersanktionen im Mittelpunkt stehen. Die Bedeutung von Beschwerden muss dadurch gezeigt werden, dass angemessene Zeiträume für Abwicklung für Beschwerden zugesichert werden und Managementzeiten für die regelmäßige Analyse von Beschwerdefällen geplant sind.

Eine zunehmend erfolgreiche Strategie im Bereich des Beschwerdemanagements ist das Empowerment (engl.: Empowerment = Ermächtigung, Befähigung) des Kundenkontaktpersonals. Diese Methode basiert auf der Verlagerung der Entscheidungsprozesse im Falle einer Beschwerdesituation auf Mitarbeiter unterer Hierarchiestufen. Das Empowerment beruht auf klar spezifizierten Richtlinien und räumt dem Kundenkontaktpersonal die Möglichkeit ein, bestimmte Problemlösungen eigenständig vorzuschlagen oder zu ergreifen. Eine erweiterte Form bildet das flexible Empowerment. Im Gegensatz zur strukturierten Form überlässt dieser Ansatz die Lösungsfindung dem Mitarbeiter selbst. Dieses Verfahren bedingt flexible und kreative Mitarbeiter, die in der Lage sind, Kundenbedürfnisse unter Berücksichtigung unternehmerischer Belange einzuschätzen (vgl. Hansen, et al., 2003, S.136 ff).

## 4.2.6 Frequenz-Relevanz-Analyse von Problemen FRAP

Die bisherigen Methoden wie ServQual oder SEM lieferten Ergebnisse zu Problemstellungen im Dienstleistungsbereich. Um jedoch die Häufigkeit und die Relevanz der auftretenden Probleme zu verdeutlichen, kommt die Frequenz-Relevanz-Analyse (FRAP) zur Anwendung.

Die FRAP stellt eine Weiterentwicklung der Fehlererkennungsmethode (engl.: Problem Detecting Method) dar und wird in unterschiedlichen Varianten bezüglich der Frageformulierung und Auswertung angewendet. Kern der FRAP ist die Gegenüberstellung von Auftretenshäufigkeit und Bedeutung von Problemen, um so einen Hinweis auf die Prioritäten bei der Problemlösung zu gewinnen (Hoeth, et al., 2002, S.92).

Üblicherweise bezieht die FRAP die Datengrundlage aus Verfahren wie SEM (siehe Kap. 4.2.3) und ServQual (siehe Kap. 4.2.4). Sind keine Daten aus derartigen Verfahren verfügbar, kommen Fragebögen mit standardisierten Fragen zur Anwendung.

**Abbildung 14: Fragebogen zur Frequenz-Relevanz-Analyse**
Quelle: Hoeth, et al., 2002, S.93

Das Ergebnis der Auswertung wird mittels eines Portfoliodiagramms dargestellt. Die Häufigkeit des Auftretens eines Problems wird ermittelt und stellt den Wert der Frequenz eines Problems dar, während die Relevanz die vom Kunden angegebene Gewichtung widerspiegelt (Hoeth, et al., 2002, S.95).

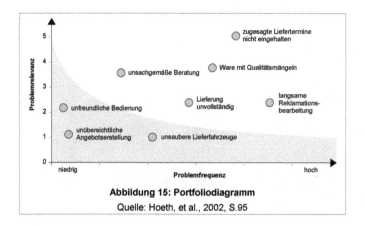

**Abbildung 15: Portfoliodiagramm**
Quelle: Hoeth, et al., 2002, S.95

## 4.2.7 Service-FMEA

Ähnlich wie bei materiellen Gütern kann eine Dienstleistung nur so gut sein, wie sie von Anfang an konzipiert wurde (Tietjen, et al., 2003, S.17). Um dieses Ziel einer angestrebten Null-Fehler-Philosophie auch im Dienstleistungssektor erreichen zu können, sind bereits in der Anfangsphase des Produkt- oder Dienstleistungsdesigns geeignete Maßnahmen zu setzen. Die Service Fehlermöglichkeits- und Einflussanalyse (FMEA) ist ein derartiges Verfahren, um mögliche Schwachstellen in einem Leistungsprozess zu ermitteln und die daraus resultierenden Konsequenzen festzustellen (vgl. Hansen, et al., 2003, S9). FMEA wird im produzierenden Gewerbe in Form der Konstruktions-FMEA, der Prozess-FMEA und der System-FMEA bereits seit Jahren erfolgreich eingesetzt. Analog zur Produktion werden folgende Fragen beantwortet (vgl. Tietjen, et al., 2003, S.19 ff):

– Wo kann ein Fehler auftreten?

– Wie zeigt sich der Fehler, bzw. welche Ursache hat er?

– Was für eine Fehlerfolge kann sich einstellen?

– Warum tritt der Fehler auf?

Im Zuge der Produktion spricht man von der 'Zehnerregel der Fehlerkosten', die eine Steigerung der Fehlerbeseitigungskosten mit jedem Prozessschritt um den Faktor 10 bedingt (Tietjen, et al., 2003, S.41). Im Dienstleistungssektor, bei dem der Service bereits bei der Erbringung erbracht wird, ist Fehlervermeidung von sehr hoher Bedeutung, da in den meisten Fällen eine Korrektur nicht mehr möglich ist (vgl. Hoeth, et al., 2002, S.102).

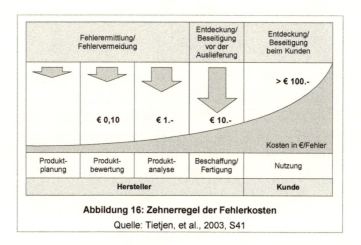

**Abbildung 16: Zehnerregel der Fehlerkosten**
Quelle: Tietjen, et al., 2003, S41

FMEA sollte überall dort eingesetzt werden, wo Fehler auftreten können. Eine konsequente Nutzung von FMEA eröffnet Perspektiven in den Bereichen der Vermeidung von Fehlentwicklungen, des Ausschaltens von Wiederholungsfehlern, der Reduzierung von Pannen und Qualitätseinbußen (vgl. Tietjen, et al., 2003, S.41).

Die Vorgehensweise einer FMEA lässt sich am einfachsten durch die Abarbeitung eines FMEA-Formblatts erläutern.

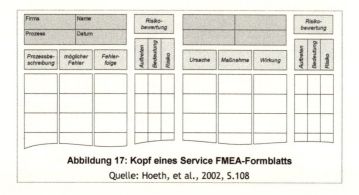

**Abbildung 17: Kopf eines Service FMEA-Formblatts**
Quelle: Hoeth, et al., 2002, S.108

Zuerst werden die Kopfdaten des Formblatts eingetragen: Art der FMEA, Name der Dienstleistung, beteiligte Personen und das Datum. Als Nächstes erfolgt die Benennung des Prozesses und dessen Abgrenzung, welche idealerweise durch einen Blueprint ermittelt wurde (siehe Kap. 4.2.2). Im nächsten Schritt werden die möglichen Fehler gelistet. Diese Fehlerarten stammen entweder aus Erfahrungswerten, ähnlichen Dienstleistungsprojekten oder werden durch Verfahren wie Brainstorming oder Brainwriting erhoben. Bei der Feststellung der Fehlerfolgen wird ähnlich vorgegangen wie bei der Bestimmung der Fehlerarten. Zur Ermittlung der Fehlerursache eignen sich Verfahren wie das Ursache-Wirkungs-Diagramm (Ishikawa-Diagramm) (vgl. Hoeth, et al., 2002, S.110). Nun gilt es, die Häufigkeit des Auftretens von Fehlern zu eruieren. Der Wert hierfür liegt zwischen 1 (unwahrscheinlich) und 10 (hohe Wahrscheinlichkeit). In der gleichen Art und Weise wird die Bedeutung für den Kunden festgestellt: 1 steht für eine sehr geringe Bedeutung für den Kunden, 10 bedeutet bereits den Kundenverlust infolge des Fehlers.

Aus diesen beiden Maßzahlen wird nun die Risikozahl berechnet:

$$Risikozahl = Auftreten * Bedeutung$$

Danach erfolgt der aufwändige Teil der Ursachen-, Maßnahmen- und Wirkungsfindung. Um diesen kreativen Prozess überprüfen zu können, wird im Abschluss eine erneute Risikozahl ermittelt, die die positive bzw. präventive Maßnahme der Fehlervermeidung belegen soll.

## 4.3 Total Quality Management (TQM)

Nach der DIN EN ISO 8402 definiert sich TQM wie folgt:

*TQM ist eine auf der Mitwirkung aller ihrer Mitglieder beruhende Führungsmethode einer Organisation, die Qualität in den Mittelpunkt stellt und durch Zufriedenstellung der Kunden auf langfristigen Geschäftserfolg sowie auf Nutzen für die Mitglieder der Organisation und für die Gesellschaft zielt.*

Dieser Erklärungsansatz macht deutlich, dass es sich bei Total Quality Management um ein umfassendes Konzept mit dem Ziel 'Business Excellence' handelt (vgl. Zink, 2004, S.55). TQM ist die Bereitschaft, Qualitätsverbesserung als ein dauerndes, ganzheitliches und vernetzt organisiertes Unternehmensziel einzurichten (vgl. Greve, 2002, S.578).

**Abbildung 18: Total Quality Management**

Während im Produktionsbereich die Qualität für den Kunden unter anderem durch Endprüfung und Aussortierung sichergestellt werden kann, sind für die direkt am Kunden stattfindende Dienstleistung die Elemente des TQM von großer Bedeutung.

An erster Stelle steht die Kundenorientierung (siehe Abbildung 18). Sie ist entscheidend für die Erfüllung der Kundenbedürfnisse. Insbesondere in gesättigten Märkten sind zufriedene Kunden eine Sicherung für das Halten oder den Ausbau des eigenen Marktanteils (Herrmann, et al., 2007, S.121).

Ein zentraler Punkt im Konzept des TQM ist die Mitarbeiterorientierung. Aus der Sicht des Kunden repräsentiert der Mitarbeiter vor Ort das Unternehmen. Somit muss es Ziel des Dienstleisters sein, diese Mitarbeiter best möglich zu befähigen und ihre aktive Mitarbeit zu fördern (Hoeth, et al., 2002, S.24).

Dienstleistungen sind nicht lagerfähig, sie bestehen nicht aus einem materiellen Produkt, sondern aus einem Prozess. Gerade diese Prozesse und die Prozessorientierung ermöglichen Dienstleistungen von hoher Qualität. Sie bilden den Rohstoff einer Dienstleistung.

Die Prävention ist im Zusammenhang mit der Tatsache zu sehen, dass eine mangelhaft oder unzureichend erbrachte Dienstleistung nicht rückgängig oder 'umgetauscht' werden kann.

Und wie auch in der Sachgüterproduktion ist auf die Dienstleistungen das Prinzip der kontinuierlichen Verbesserung (Demingkreis, vgl. Kapitel 4.2.2) anzuwenden. Leistungen, mit denen der Kunde zufrieden ist und die kontinuierliche verbessert werden, führen zu einer erhöhten Kundenbindung (vgl. Hoeth, et al., 2002, S.25).

## 4.4 Qualitätscontrolling

Eine ständige Orientierung an Kundenzufriedenheit und das Bestreben zur Weiterentwicklung der Qualitätsstandards ist kostenintensiv, bewirkt aber durch den höheren Kundennutzen eine Steigerung des Umsatzes (vgl. Haller, 2005, S.332).

Die Aufgabe der Kontrolle dieser Strategie der ständigen Weiterentwicklung ist Aufgabe des Qualitätscontrollings. Dem Qualitätscontrolling obliegt die Entwicklung von unternehmensspezifischen Kennzahlen zur Darstellung von Messgrößen über Erfolg oder Misserfolg von qualitätssichernden bzw. -verbessernden Maßnahmen (vgl. Haller, 2005, S.332).

| | Objektiv messbar | Subjektiv abfragbar |
|---|---|---|
| | Vorgänge ohne Nacharbeitungsbedarf in % | Mitarbeiterzufriedenheit |
| | Verbesserungsvorschläge pro Mitarbeiter | Vorgesetztenbeurteilung |
| | Fluktuationsrate in % vom Bestand | |
| Intern | Krankheitsstand in % vom Bestand | |
| | Verfügbarkeit EDV in % der Sollzeit | |
| | Pünktlichkeit Lieferungen/Leistungen intern | |
| | Zahl der Trainingstage pro Mitarbeiter | |
| | Dauer Kundenbeziehungen in Jahren | Kundenzufriedenheit |
| | Fluktuation Kunden in % vom Bestand | Image des Unternehmens im Markt |
| | Cross-Selling-Rate | Gewinn von Qualitätspreisen |
| Extern | Umsatz pro Kunden | Leserumfragen in Fachzeitschriften |
| | Pünktlichkeit Lieferungen/Leistungen extern | |
| | Auftragsrate (Aufträge zu Angeboten) | |
| | Retourenrate | |

**Tabelle 3: Beispiele für individuelle Kennzahlen der Servicequalität**
Quelle: Haller, 2005, S.333

Neben den betriebswirtschaftlich üblichen Kennzahlensystemen wie zum Beispiel dem DuPont-Kennzahlensystem und der Balanced Scorecard (BSC) ist im Zusammenhang mit der Erfassung von Kennzahlen im Bereich des Qualitätsmanagements im Dienstleistungsbereich der von Kamiske entwickelte Ansatz des Return on Quality (RoQ) zu betrachten.

Diese Kennzahl liefert, ähnlich dem Return on Invest (RoI), die Verzinsung der eingesetzten Mittel zu Erhaltung oder Steigerung der Qualität. Somit kann der RoQ als Rentabilität der Qualität betrachtet werden. Dieser Begriff zeigt ebenfalls, dass es sich bei Aufwendungen in Qualität nicht um Kosten, sondern um Investitionen handelt (vgl. Haller, 2005, S.334).

Die Berechnung des RoQ erfolgt folgendermaßen:

$$RoQ = \frac{Qualit\ddot{a}tsgewinn}{Qualit\ddot{a}tskosten} , wobei\ Qualit\ddot{a}tsumsatz - Qualit\ddot{a}tskosten = Qualit\ddot{a}tsgewinn$$

Die Anwendung des RoQ lässt sich anhand eines einfachen Beispiels darstellen:

| Verlust durch Abwanderung ohne Qualitätsmanagement: | |
|---|---|
| Zahl der unzufriedenen Kunden (20%): | € 20.000 |
| Davon wandern ab (25%): | € 5.000 |
| Entgangener Gewinn (€ 100 pro Kunde): | € 500.000 |

| Verlust durch Abwanderung mit Qualitätsmanagement: | |
|---|---|
| Zahl der unzufriedenen Kunden (10%): | € 10.000 |
| Davon wandern ab (15%): | € 1.500 |
| Entgangener Gewinn (€ 100 pro Kunde): | € 150.000 |

| Nutzenzuwachs durch geringere Abwanderungsrate: | **€ 350.000** |
|---|---|

Nachdem vergleichbare Berechnungen auch für die übrigen Nutzendimensionen aufgestellt wurden, lässt sich der Gesamtnutzen und der RoQ durch Gegenüber- stellung ermitteln:

| | Kosten-/Nutzendimension | Betrag |
|---|---|---|
| Kosten | Kosten der präventiven Vermeidung | € 900.000 |
| | Kosten der planmäßigen Qualitätsprüfung | € 300.000 |
| | Kosten der Behebung von Abweichungen | € 200.000 |
| | Negative Konsequenzen von Abweichungen | € 150.000 |
| | | € 1.550.000 |
| Nutzen | Zusätzlicher Kundenbindungsnutzen | € 800.000 |
| | Zusätzlicher Kommunikationsnutzen | € 500.000 |
| | Interner Nutzen (Verbesserung von Prozessen) | € 400.000 |
| | | € 1.700.000 |
| | Qualitätsgewinn | **€ 150.000** |

| Der RoQ beträgt somit € 150.000,00 / € 1.550.000 | 9,68% |
|---|---|

**Tabelle 4: Beispielberechnung eines RoQ**

# 5 QM Methoden und Techniken

Um im Rahmen einer Dienstleistungserbringung die optimalen Bedingungen innerhalb eines Unternehmens zu schaffen, muss die Vielzahl der beschriebenen Maßnahmen zur Messung und Sicherstellung der Dienstleistungsqualität koordiniert und zusammengeführt werden. Diesen Bereich deckt das Qualitätsmanagement ab.

*Mit Qualitätsmanagement werden dabei alle Tätigkeiten des Gesamtmanagements bezeichnet, die im Rahmen eines Qualitätsmanagementsystems die Qualitätspolitik, die Ziele und Verantwortungen festlegen sowie diese durch Mittel wie Qualitätsplanung, -lenkung, -sicherung und -verbesserung verwirklichen* (Greve, 2002, S.571).

Ein erfolgreiches Qualitätsmanagement ist von zwei Faktoren abhängig (vgl. Hansen, et al., 2003, S.46):

- Ein QM-System für Dienstleistungen ist auf das leistungserbringende Unternehmen individuell abzustimmen, da durch die unterschiedlichen Mitarbeiterressourcen bereits vorhandene oder kopierte Systeme nicht den gewünschten Erfolg bringen können.

- Die Erhaltung der Dienstleistungsqualität ist als kontinuierlicher Verbesserungsprozess zu sehen und ist ständig anzupassen. Dieser Zyklus wird als der von William Edwards Deming beschriebene Plan-Do-Check-Act-Zyklus (PDCA-Zyklus) bezeichnet (vgl. Kapitel 4.2.2).

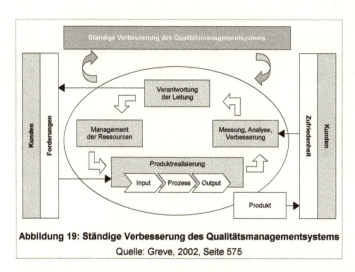

**Abbildung 19: Ständige Verbesserung des Qualitätsmanagementsystems**
Quelle: Greve, 2002, Seite 575

## 5.1 Balanced Score Card

Ein Teil eines weiterentwickelten Qualitätsmanagementsystems ist die Balanced Score Card. Sie dient zur Darstellung der Strategien und Ziele eines Unternehmens in Form von Kennzahlen. Die Balanced Score Card (BSC) betrachtet dabei die Balance aus vier Perspektiven (vgl. Greve, 2002, S.577):

- den Geschäftsprozessen

- der Finanzwirtschaft

- den Kunden

- der Mitarbeiterentwicklung

Auf Basis der Kennzahlen der BSC kann das Management strategische Ziele festlegen, Messgrößen definieren und Kriterien benennen.

## 5.2 Benchmarking

Mittels Benchmarking (engl.: Benchmark = Maßstab, Bezugs- oder Richtgröße), einem zielgerichteten Vergleich, können Unternehmen Mängel in den zur Verfügung stehenden Produkten und Dienstleistungen feststellen. Diese Vergleiche können betriebsintern (zum Beispiel im Vergleich zu anderen Filialen) oder unternehmensübergreifend stattfinden. Ziele eines Benchmarkings können verschiedene Bereiche sein. In der Produktion stehen materialbezogene Daten (Produktionskosten, Materialverbrauch, Stückkosten, Retourware, ...) im Vordergrund, während im Dienstleistungsbereich Messgrößen aus statistischen Werten (Beratungsleistung pro Mitarbeiter, Zeitaufwand pro Leistungserbringung, Beschwerdefälle, ...) ausschlaggebend sind.

## 5.3 Prozessorientierte Umsetzung (DIN EN ISO 9000)

Im Vergleich zu den produzierenden Branchen haben wesentlich weniger Unternehmen des Dienstleistungsbereichs ein unternehmensweites Qualitätsmanagement eingeführt (vgl. Hansen, et al., 2003, S.158). Der Grund dafür liegt in den Eigenschaften der Dienstleistung selbst. Die Qualität des Produkts 'Dienstleistung' kann nicht wie bei materiellen Produkten vor dem Verkauf geprüft werden, sondern kann erst nach deren Erbringung beim Kunden ermittelt werden. Dennoch ist ein Qualitätsmanagementsystem auch für Dienstleister die Voraussetzung für die Erhaltung und Optimierung der Qualität und somit zur Sicherung des Unternehmenserfolgs. Zusätzlich bedingt der steigende Wettbewerb die Möglichkeit eines Nachweises von Qualitätsstandards.

Als Basis für die erfolgreiche Einführung eines Qualitätsmanagementsystems dient die Normenreihe DIN EN ISO 9000 ff. Sie bildet als bedeutendste internationale Normenreihe die Grundlage und Begriffsbestimmungen für ein Qualitätsmanagementsystem (vgl. Herrmann, et al., 2007, S.62).

- Die ISO 9000 legt die Grundlagen und Begriffe für Qualitätsmanagementsysteme fest

- Die ISO 9001 definiert jene Bedingungen, die ein Qualitätsmanagementsystem erfüllen muss, um dem aktuellen Stand der Technik zu entsprechen

- Die ISO 9004 bildet einen Leitfaden zur Einführung und Optimierung eines Qualitätsmanagementsystems. Sie enthält Interpretationshilfen und Anregungen zur ISO 9001

Die Umsetzung erfolgt auf Basis der Unternehmensprozesse in vier Phasen (vgl. Hansen, et al., 2003, S.160):

- Gliederung der Auftragsabwicklung eines Unternehmens in eine unternehmensneutrale Prozesskette. Dies wird al deduktive Prozessanalyse bezeichnet und erfolgt in einem 'top-down' Verfahren.

- Zuordnung der Anforderungen der DIN EN ISO 9000 ff. zu den einzelnen Prozessen. Mittels einer Matrix wird geprüft, ob sämtliche Forderungen der Norm berücksichtigt werden.

- Erfassung der unternehmensspezifischen Arbeitsabläufe und Zuordnung zu den unternehmensneutralen Prozessketten. Hier spricht man von einer induktiven Prozessanalyse in einem 'bottom-up' Verfahren.

- Im vierten Schritt werden die Anforderungen der Norm auf die spezifischen Abläufe bezogen und geprüft.

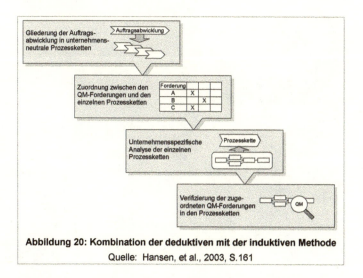

**Abbildung 20: Kombination der deduktiven mit der induktiven Methode**
Quelle: Hansen, et al., 2003, S.161

# 6 Fazit

Die Entwicklung der Gesellschaft hin zur Dienstleistungsgesellschaft wird sich fortsetzen. Somit wird die Bedeutung der Mitarbeiter von Dienstleistungsunternehmen die im Kundenkontakt stehen steigen. Sie sind ein entscheidender Faktor, ob die erwartete Qualität für den Kunden erbracht wurde. Für das Management ist es von Bedeutung die richtigen Produktspezifikationen zu definieren, um sich in Anbetracht von immer kürzeren Produktzyklen von Mitbewerbern zu differenzieren und um qualitativ hochwertige aber dennoch ökonomisch wirtschaftliche Dienstleistungen anzubieten.

Unternehmen im produzierenden Bereich werden Produkte durch Kombination mit Dienstleistungen (Value Added Services) noch individueller und kundenorientierter gestalten können und bieten dadurch ihren Kunden einen Mehrwert.

Traditionelle Produktgrenzen werden mehr und mehr verschwimmen und einzelne Branchen werden verschmelzen. Die Sicherstellung von hohen Qualitätsniveaus ist der zentrale Erfolgsfaktor. Die vorgestellten Methoden und Verfahren zur Messung, Förderung und Sicherung der Dienstleistungsqualität und die Einführung von unternehmensweiten Qualitätsmanagementsystemen bilden die Grundlage für wirtschaftlich erfolgreiche Unternehmen der Zukunft.

# Literaturverzeichnis

Bücher:

Hansen W. / Kamiske G.F.: Qualitätsmanagement im Dienstleistungsbereich. 2. erweiterte Auflage, Symposion Publishing (2003)

Hoeth U. / Schwarz W.: Qualitätstechniken für die Dienstleistung. 2. Auflage, Carl Hanser Verlag (2002)

Herrmann J. / Gembrys S.: Qualitätsmanagement. Rudolf Haufe Verlag (2007)

Fandel G.: Produktion I, Produktions- und Kostentheorie. 7. Auflage, Springer Verlag (2007)

Lay G. / Nippa M.: Management produktbegleitender Dienstleistungen. Physika Verlag (2005)

Buber R. / Holzmüller H.: qualitative Marktforschung, Konzepte – Methoden – Analysen. Verlag Gabler (2007)

Tietjen T. / Müller D.: FMEA-Praxis. Carl Hanser Verlag (2003)

Zink K.: TQM als integratives Managementkonzept. 2. überarbeitete Auflage, Carl Hanser Verlag (2004)

Haller S.: Dienstleistungsmanagement, Grundlagen – Konzepte – Instrumente. 3. Auflage, Gabler Verlag (2005)

Cornetz W.: Chancen durch Dienstleistungen, Ansatzpunkte einer aktiven Gestaltung struktureller Prozesse, Deutscher Universitäts Verlag (2006)


Onlinedokumente:

Lange H.: Sonderthema industrielle Dienstleistungen. Online: http://www.ftd-media.de/opencms/export/sites/default/Sonderthemen-PDF/Sonderthemen2006/TP_Industrielle_Dienstleistungen.pdf. Zugriff am 17.12.2009

Brumbi D.: Qualitätssicherung in der Produktion. Online: http://www.fh-deggendorf.de/etmt/personal/professoren/brumbi/download/qs.pdf. Zugriff am 06.09.2009

Sommerlatte T.: Qualität in der Produktion. Online: http://www.symposion.de/qualitaetsmanagement?i/7001001. Zugriff am 17.12.2009

Österreichische Nationalbank: Struktur des Dienstleistungshandels 2006. Online: http://www.oenb.at/de/img/shst_2009_06_dh_gesamt_tcm14-138240.pdf. Zugriff am 07.01.2010


Zeitschriftenartikel:

Greve G. / Pfeiffer I.: Qualitätsmanagement in Unternehmen. In: Zeitschrift für Erziehungswissenschaft, 5. Jg. Heft 4/2002, S.570-583

# Abbildungsverzeichnis

# Tabellenverzeichnis

**Reinhard Weber**

# Qualitätsmanagement im Dienstleistungsbereich (industrielle Services)

Bachelorarbeit